Die schönsten Bärengeschichten

Bilder von
John Bennett, Ray Cresswell, Zora Davidović,
Etna, Heinrich Kita, Gerti Lichtl, Angela Mills, Dud Moseley,
Rotraut Platzer, Christoph Schleich, Pamela Storey

Texte von
Renate Billigmann, Gisela Fischer, Edith Jentner,
Elke Meinardus, Ursula Muhr, Rotraut Platzer, Peter Stotz

In der Teddy-Schule

Was ist denn heute bei Familie Teddy los? Ach so — die Zwillinge Polli und Tobias haben Geburtstag! Und in der Aufregung haben sie fast die Schule vergessen! In letzter Minute flitzen sie aus dem Haus, doch plötzlich ...

„Halt, Tobias, dein Pausenbrot!" ruft Mutter Teddy ihn zurück.

Das hat er in diesem Trubel völlig übersehen. Mit einem Ruck dreht er sich um und will zurücklaufen, aber er bleibt mit der Büchertasche am Zaun hängen.

Holterdiepolter, was purzelt da alles aus seinem Ranzen heraus!

Das ist doch ein kleiner Käfig mit weißen Mäusen! Sollen die etwa auch mit in die Schule?

„Oje, Mami darf die Mäuse nicht sehen!" Schnell legt Tobias seine Büchertasche über den Käfig und läuft zurück zu seiner Mutter.

„Danke, Mami! Tschüs!" ruft er, schnappt sich sein Pausenbrot und packt alles in Windeseile wieder ein.

Nur schnell weg hier! Die Mutter würde ihm bestimmt nicht erlauben, die weißen Mäuse mit in die Schule zu nehmen. Aber er muß sie doch unbedingt seinen Freunden zeigen!

Tobias klemmt sich den Käfig unter den Arm und rennt hinter Polli her.
„So warte doch auf mich!" keucht er. Aber Polli ist schon eilig weitergegangen, denn sie möchte an ihrem Geburtstag auf keinen Fall zu spät kommen.

Als Polli auf dem Schulhof eintrifft, wird sie schon erwartet. „Alles Gute, Polli!" rufen ihr die Freundinnen entgegen. „Wo bleibst du nur? Wir sind schon eine Ewigkeit hier! Sag schon — was hast du geschenkt bekommen?"

„Ein Tierbuch! Seht nur!" Polli zieht das neue Buch aus ihrem Ranzen und zeigt es den Mädchen. „Ist das nicht toll? Am liebsten würde ich es gleich lesen!" Die Kinder fangen an, in dem Buch zu blättern und bewundern die vielen Bilder.

Jetzt kommt endlich auch Tobias angerannt.

„He, Beppo, schau mal, was ich da habe!" ruft er seinem Freund schon von weitem zu und hält den Käfig hoch.

„Auweia, weiße Mäuse! Wo hast du die denn her?" flüstert Beppo. „Zum Geburtstag bekommen, von meinen Eltern! Toll, nicht?"

Beppo nickt. „Sieh nur, die eine macht sogar Männchen! Aber weiß deine Mutter eigentlich, daß du sie in die Schule mitgenommen hast?" fragt er leise.

„Natürlich nicht!" kichert Tobias. „Das hätte sie mir doch nie erlaubt! Um ein Haar hätte sie mich noch erwischt, mir ist vor dem Haus nämlich die ganze Büchertasche hinuntergefallen! Aber es ist gerade noch mal gutgegangen."

Die Schulglocke läutet, aber weder Polli noch Tobias scheinen es zu hören.
„Na, ihr Mädchen! Und ihr zwei, Tobias und Beppo! Ihr wollt wohl heute nichts lernen?" ruft Lehrer Brumm.
Hui, da sausen alle in die Schule!

In der ersten Schulstunde dürfen die Kinder draußen im Garten sitzen. Lehrer Brumm nimmt nämlich die Tiere des Waldes durch, und dazu hat er, wie immer, einen Gast eingeladen.

„Könnt ihr euch vorstellen, worüber wir heute sprechen wollen?" fragt er die Kinder.

„Ja!" ruft Polli laut. „Über Trudi!"

Alle lachen. Auch Lehrer Brumm schmunzelt.

„Das ist schon richtig, Polli, aber vielleicht kannst du mir auch sagen, wer Trudi ist?"

„Ein Eichhörnchen natürlich", antwortet Polli. So eine dumme Frage! Als ob sie das nicht alle wüßten!

Lehrer Brumm geht an die Tafel. „Ich male euch jetzt ein Eichhörnchen auf", sagt er zu den Schülern, „und ihr zeichnet es in euer Heft. Und danach könnt ihr Trudi ausfragen. Ihr wollt doch sicher eine Menge von ihr wissen."

„Zum Beispiel, was ißt du denn gerne?" Beppo stellt gleich die erste Frage.

Trudi sitzt am Pult von Lehrer Brumm und kommt sich sehr wichtig vor. „Also, am liebsten knabbere ich Nüsse und Eicheln", fängt sie an zu erklären.

„Ich weiß!" unterbricht sie Tobias. „Du legst immer viele Vorratskammern für den Winter an. Und dann findest du die Hälfte davon nicht wieder! Stimmt's?"

Wieder lachen die Kinder, und Trudi ist fast ein bißchen beleidigt. Aber Lehrer Brumm beruhigt sie. „Das ist doch nicht so schlimm. Hauptsache, du wirst trotzdem richtig satt, oder?"
Und damit ist die erste Stunde auch schon um.

Die Kinder gehen zurück in ihr Klassenzimmer. „Nehmt eure Rechenbücher heraus", sagt Lehrer Brumm. „Wir wollen heute das Zusammenzählen üben. Aber halt! Vorher singen wir noch ein Geburtstagslied für Polli und Tobias! Das hätten wir jetzt fast vergessen!"

„Viel Glück und viel Segen …!" stimmt er an, und begeistert singen alle Kinder mit.

Dann darf Polli sogar an der Tafel rechnen! Das macht sie besonders gern, denn Rechnen ist ihr Lieblingsfach. „Richtig, Polli, zwei plus zwei ist vier", lobt sie der Lehrer. „Und wer kann mir sagen, wieviel …" Doch weiter kommt er nicht.

„Iiiih, Mäuse!" Die Kinder schreien wild durcheinander. Lehrer Brumm erschrickt und dreht sich um. Ei der Daus! Da stehen seine Schulkinder doch auf den Tischen und Bänken!

„O nein! Die Maus frißt meinen Pausenapfel!" jammert ein Mädchen.

„Und die hier krabbelt in die Büchertasche!" quietscht Beppo.

Ein Junge ruft ganz erschrocken: „Sie werden alles anknabbern! Auch unsere Bücher!"

„Hoffentlich fressen sie schnell mein Rechenheft!" meint ein anderer. „Ich habe heute so schrecklich viele Fehler gemacht!"

„Nanu, wo kommen denn die Mäuse her?" fragt Lehrer Brumm. Tobias bekommt einen ganz roten Kopf. „Äh ... i-i-ich", stottert er, „ich habe sie zum Geburtstag bekommen und wollte sie allen zeigen. Aber die Käfigtür war wohl nicht richtig zu. Und jetzt ..."

Lehrer Brumm holt erst einmal tief Luft. „Nun ja", meint er dann, „dagegen ist nichts zu sagen. Aber sperr sie doch bitte schnell wieder ein. Und ihr anderen hört auf zu schreien! Alle, die keine Angst vor den Mäusen haben, helfen Tobias beim Einfangen. Sonst laufen sie noch davon, wenn wir in der Pause die Tür öffnen."

Da beeilt sich Tobias aber! Beppo und zwei andere Kinder helfen ihm, und nach kurzer Jagd sind die kleinen Tiere wieder sicher in ihrem Käfig.

Lehrer Brumm klatscht in die Hände. „So, Ruhe jetzt! Wir wollen weitermachen! Tobias, stelle den Käfig in die Ecke, und decke am besten ein Tuch darüber. Die Mäuse haben bestimmt genausoviel Angst vor euch wie ihr vor ihnen!"

Aber noch bevor der Lehrer mit dem Unterricht weitermachen kann, läutet es schon zur Pause. Das war aber mal eine kurze Rechenstunde! Die Kinder stürmen hinaus in den Hof.

Tobias kommt heute gar nicht zum Spielen. Seine Freunde umringen ihn. „Was fressen deine Mäuse denn?" fragt Beppo.

„Heute morgen habe ich ihnen ein bißchen Obst und Getreidekörner gegeben. Aber sie mögen auch Wurst und Käse", erklärt Tobias.

„Läßt du sie zu Hause immer frei herumlaufen?" will ein anderer Junge wissen.
Da muß Tobias aber doch lachen. „Bist du verrückt? Was glaubst du, was mir Mami erzählen würde, wenn die Mäuse ihre Speisekammer leerfressen würden!"

Die nächste Stunde beginnt. „Jetzt wollen wir malen", sagt Lehrer Brumm. „Tobias und Polli haben Geburtstag, deshalb dürfen sie bestimmen, was wir malen."

„Eine Maus!" rufen die Zwillinge gleichzeitig.

„Das habe ich mir ja fast gedacht!" lacht Lehrer Brumm. Der Käfig mit den Mäusen wird so aufgestellt, daß ihn alle sehen können, und der Lehrer zeichnet eine große Maus an die Tafel. Dann machen sich alle mit Feuereifer an die Arbeit!

„Die Maus von Herrn Brumm sieht eher aus wie ein Känguruh", flüstert Polli ihrer Banknachbarin zu. Die fängt gleich an zu kichern.

„Was ist los?" fragt Beppo, der neben ihr sitzt. „Polli sagt, die Maus an der Tafel sieht aus wie ein Känguruh!" platzt das Mädchen heraus. Das gibt ein Hallo! Die Kinder halten sich den Bauch vor Lachen. Sogar Lehrer Brumm muß mitlachen.

„Ich glaube, heute ist mit euch nichts Rechtes mehr anzufangen", meint er schließlich. „Diese Mäuse bringen ja den ganzen Unterricht durcheinander."

„Nicht nur die Mäuse!" ruft Beppo.

Lehrer Brumm fragt verwundert: „Wieso? Wer denn noch?"

„Das Känguruh!" jubelt Beppo, und dann geht das Gelächter von neuem los.

Als endlich wieder Stille einkehrt, ist die Stunde fast um.
"Dein Bild ist besonders schön geworden", lobt Lehrer Brumm den Tobias. "Wir werden es morgen an die Wand hängen."

Es läutet. „Juhu! Schule aus!" Ruck zuck! werden die Ranzen und Taschen gepackt.
„Auf Wiedersehen, Herr Brumm!"
„Auf Wiedersehen!"
„Tschüs, Polli!" rufen ihre Freundinnen. „Bis morgen! Und iß nicht soviel Kuchen heute nachmittag!"
Polli lacht. „Ich werde essen, bis ich platze! Schließlich hat man nur einmal im Jahr Geburtstag!"
„War das ein toller Tag!" schwärmt Beppo. „So müßte die Schule immer sein! Was bringst du morgen mit, Tobias? Wie wäre es mit Ratten? Oder Ameisen? Oder Schlangen?"
Lehrer Brumm wirft Tobias einen ernsten Blick zu. Der zieht den Kopf ein. Ganz wohl ist ihm nicht in seinem Pelz!
Als der Lehrer Tobias den Mäusekäfig zurückgibt, sagt er: „Wir hatten heute ja wirklich viel Spaß mit deinen kleinen Freunden. Trotzdem möchte ich nicht, daß du sie noch einmal mitbringst. Hast du mich verstanden?"
Tobias schluckt. „In Ordnung, Herr Brumm", antwortet er. „Ich glaube auch, die Mäuse mögen die Schule nicht besonders. Es ist ihnen hier viel zu laut." Der Lehrer nickt. „Da hast du wahrscheinlich recht. Ich nehme an, die armen Kerle hatten eine Todesangst bei eurem Geschrei!"

Tobias ist heilfroh, als er den Käfig wiederhat und endlich gehen kann. Aber etwas bedrückt ihn: Er hat bemerkt, daß eine Maus fehlt! Und Lehrer Brumm will das Klassenzimmer zusperren, so daß er auch nicht mehr nach ihr suchen kann.

Polli hat auf ihren Bruder gewartet, und die beiden machen sich gemeinsam auf den Heimweg.

„Stell dir vor, eine Maus ist entwischt", erzählt ihr Tobias. „Ich konnte sie einfach nirgends mehr finden, habe schon überall nachgesehen."

„Sei nicht traurig. Vielleicht hat sie sich nur versteckt und sitzt morgen früh im Klassenzimmer", tröstet ihn Polli.

„Bloß nicht!" ruft Tobias ganz erschrocken. „Der Herr Brumm hat mir vorhin sowieso schon eine Strafpredigt gehalten. Wenn morgen noch mal eine Maus auftaucht und es wieder so ein Durcheinander wie heute gibt — na, dann möchte ich lieber nicht in meinem Pelz stecken!"

„Vielleicht ist sie ja auch längst zur Tür hinausgeschlüpft und davongelaufen! Dann findest du sie zwar nicht wieder, aber du sparst dir wenigstens den Ärger mit Herrn Brumm", überlegt Polli weiter.

Tobias seufzt. Er denkt an die vielen Katzen, die im Teddydorf wohnen. Keine guten Aussichten für eine kleine weiße Maus!

„Was für eine dumme Idee, die Mäuse mit in die Schule zu nehmen!" sagt er und ist auf einmal recht niedergeschlagen. Die ganze Geburtstagsfreude ist ihm verdorben.

Aber als Polli zu Hause ihren Ranzen öffnet, was schlüpft da wohl heraus?
„Haha, die fünfte Maus!" ruft Tobias froh. Schnell steckt er sie in den Käfig zu den anderen. „Und nun bleibt ihr da! Ihr habt für heute genug gelernt!"

Das faule Bärchen

Vor langer Zeit lebte in einem großen Wald eine glückliche Bärenfamilie. Vater, Mutter und drei Bärensöhne. Der jüngste, Taps genannt, war ein lustiges, munteres, aber gar faules Kerlchen. Immer wenn die drei Brüder in den Wald geschickt wurden, um Beeren zu pflücken, dann überließ Taps gerne seinen Brüdern die Arbeit.

Er aber lachte und tanzte, und wenn er müde war, dann legte er sich ganz einfach unter einen Baum und schlief ein.

Eines Tages war es wieder genauso.

Taps schlief, und seine Brüder arbeiteten.

Da kam plötzlich eine Fee herbeigeschwebt und sah den faulen Taps.

„Na warte", kicherte sie, „dir werd' ich einen Streich spielen."

Sie zog ihr Zauberstäbchen hervor und sagte: „Hoki, poki, bell, der Taps sei ohne Fell!"

Und schon war sie wieder verschwunden.

Doch Taps erwachte und fror erbärmlich.

„Wo ist mein Fellchen?" jammerte er. „Ach, hätte ich doch nicht geschlafen, dann hätte ich es sicher noch!"

Da hatte die gute Fee Mitleid mit ihm.

Sie sagte: „Wenn du jetzt immer lieb arbeitest und deine Brüder nicht im Stich läßt, sollst du dein Fellchen wiederhaben."

So geschah es auch.

Und unser Taps war so glücklich, daß er nun wirklich der fleißigste Beerensammler im ganzen Wald wurde. Die Brüder und die Eltern wunderten sich zwar sehr, aber Taps hat nie ein Sterbenswörtchen von seiner Begegnung mit der Fee verraten!

Familie Teddy kauft ein

Familie Teddy fährt in die Stadt zum Einkaufen. Vati verstaut die große Tasche im Kofferraum. „Ihr setzt euch mit dem Korb nach hinten, Plüsch und Flausch! Seid ihr schon angeschnallt?" fragt er seine Kinder. Da kommt Mutti: „Ich habe alles abgeschlossen. Es kann losgehen!"

„Erst müssen wir noch tanken", meint Vati und fährt zur Tankstelle. Tankwart Hund eilt herbei. „Was darf's denn sein?" fragt er. „Voll bitte, mit Super!" antwortet Vati. Plüsch beobachtet, wie Herr Fuchs bei einem Auto das alte Öl abläßt. Dazu hat er das Auto hochgekurbelt.

Flausch sieht Herrn Elefant, Frau Tiger, Fräulein Dachs und Herrn Giraffe vor der Waschstraße stehen. Sie warten, bis sie an der Reihe sind. „Schau nur, Frau Nilpferd läßt sich in der Waschanlage den Rücken rubbeln!" lacht er. „Das will ich auch!" — „Auf gar keinen Fall!" ruft Mutti.

Im Kaufhaus will sich Vati ein Paar Schuhe kaufen. „Dieser ist auch zu klein, Frau Miez", klagt er. „Haben Sie die schönen blauen Schuhe noch eine Nummer größer?" „Sicher, ich hole sie sofort!" sagt die Verkäuferin und schleppt noch weitere Schuhschachteln herbei.

„Sieh nur, wie gut mir die Jacke steht!" ruft Mutti und dreht sich vor dem Spiegel. Plüsch und Flausch haben viel Spaß auf der Rutschbahn. „Achtung, ich komme!" schreit Plüsch. Flausch saust hinterher. Nur ihre Köpfe schauen noch aus den bunten Bällen heraus, als sie unten sind.

Danach geht Familie Teddy auf den Wochenmarkt. Hier ist es laut: „Milch, frische Milch!" — „Eier, direkt vom Bauern!" „Uhren, heute besonders günstig!" — „Wunderschöne Blumen!" — „Knackiger Salat, erntefrisch vom Feld!" So preisen die Verkäufer ihre Waren an.

Mutti probiert einen Hut auf. „Dieses Grün paßt wundervoll zu Ihrem hellen Pelz!" schmeichelt Verkäufer Fuchs. Flausch hat einen Spielzeugbären entdeckt. „Hier ist dir sicher langweilig!" sagt er. „Komm, ich zeige dir, wo es leckeres Erdbeereis und bunte Luftballons gibt!"

„Wollt ihr auch etwas trinken?" fragt Mutti. Nein, Plüsch und Flausch schauen lieber dem Straßenmaler zu. Er hat mit bunten Kreiden einen Hund aufs Pflaster gemalt. „Aber der hat ja gar keinen Schwanz!" beschwert sich Flausch. „Den male ich gleich noch dazu", meint der junge Fuchs.

Plötzlich kommt Vati aus dem Café gestürzt. „Mein Auto! Halt, Herr Wachtmeister! Nicht abschleppen!" — „Aber eine Strafe müssen Sie zahlen!" sagt Herr Elefant streng. „Und die Rechnung auch noch!" ruft Gastwirt Schwein hinterher. „Die Getränke bezahle ich!" sagt Mutti ärgerlich.

Auf der Heimfahrt hält Familie Teddy beim Hasenhof an. „Nanu, heute bellt Frechdachs ja gar nicht!" wundert sich Plüsch. „Der holt mit dem Bauern das Heu", erklärt die Bäuerin. „Oh, da möchte ich auch mal mitfahren!" bettelt Flausch. „Wenn ihr übermorgen herkommt, dürft ihr mit!"

verspricht die Bäuerin. Sie hat Eier und Kartoffeln für Familie Teddy bereitgestellt. Plüsch und Flausch schleichen sich um die Ecke zu Schecki. Zärtlich streicheln sie das Pony und versprechen: „Wir besuchen dich bald wieder, dann bringen wir dir einen Apfel mit!"

„Jetzt fahren wir aber nach Hause!" ruft Vati. Ungeduldig wartet er, bis alle im Auto sind. Am Bahnhof betteln Plüsch und Flausch: „Bitte warte noch, bis die Dampflok abfährt! Sie zischt so herrlich laut!" Vati bleibt stehen, bis der Zug weg ist. Dann fahren alle heim.

Familie Teddy im Garten

„Heute wird es wieder heiß", sagt Mutter Teddy zu den Zwillingen Polli und Tobias. „Ihr könnt bestimmt den ganzen Tag draußen spielen!"

„Au fein!" ruft Tobias. „Dann gieße ich jetzt die Blumen! Bei dem Wetter brauchen sie doch sicherlich viel Wasser!"

„Das ist eine gute Idee. Paß aber auf, daß Purzel nicht naß wird!" ermahnt ihn die Mutter. „Er nascht gerade Erdbeeren. Du weißt, daß er es nicht mag, wenn er mit kaltem Wasser abgeduscht wird."

Tobias rollt gleich den blauen Gartenschlauch aus und dreht das Wasser auf. Herrlich, wie das plätschert und spritzt!

Mutter Teddy erntet inzwischen grünen Salat für das Mittagessen. „Hoffentlich lassen uns die Schnecken noch etwas übrig", meint sie kopfschüttelnd. Zwei dicke Schnecken sitzen nämlich auf den Salatköpfen und lassen es sich gut schmecken.

Polli betrachtet die beiden Tiere neugierig. „Ich glaube nicht, daß sie den ganzen Salat schaffen, dazu sind sie doch viel zu klein", erklärt sie dann. „Aber von mir aus könnten sie alles haben! Ich mag dieses Grünzeug sowieso nicht!"

„Das sieht dir ähnlich!" lacht Mutter Teddy. „Du würdest am liebsten jeden Tag nur Kuchen essen!"

„Kuchen? Was für Kuchen?" ruft Tobias laut und dreht sich um. Puh, da spritzt er das ganze Wasser über Polli!

„Tobias! Paß doch auf!" schimpft die Mutter.

„Huh, wie kalt!" Polli läuft schreiend davon.

In der warmen Sonne ist Pollis nasser Pelz schnell wieder trocken.

Tobias aber ist mit dem Gießen fertig und sieht sich nach einer anderen Arbeit um.

„Soll ich Johannisbeeren pflücken? Als Nachtisch für heute mittag?" fragt er die Mutter.

„Fein, und zum Essen gibt es grünen Salat mit Tomaten", antwortet sie und verschwindet im Gewächshaus. Polli verzieht das Gesicht.

Tobias holt sich eine Schüssel und fängt an, die reifen Beeren abzuzupfen. Sie schmecken herrlich sauer, das tut gut an so einem heißen Tag! Eine Handvoll Beeren in die Schüssel — eine Handvoll in den Mund. So macht das Pflücken Spaß!

„Ich will schaukeln!" bettelt Purzel. „Also gut, ich werde dich anschubsen", sagt Polli und hebt ihren kleinen Bruder in die Schaukel. Hopp — Schwung! Purzel quietscht vor Vergnügen.

Dann kommt sein kleiner Hase um die Ecke gehoppelt. Er darf bei dem schönen Wetter immer im Garten herumspringen und nach Herzenslust am Gemüse knabbern.

„Mein Hasi soll mitschaukeln!" schreit Purzel.

Polli aber schüttelt den Kopf. „Ich glaube nicht, daß das dem Hasi Spaß macht", erklärt sie. „Er hätte bestimmt nur Angst."

„Dann laß mich runter, ich will mit dem Hasi spielen", verlangt Purzel. Polli hält die Schaukel an und hebt ihn heraus.
„So, nun lauf, du Quälgeist! Ich gehe zu Mami ins Gewächshaus und helfe ihr!"

Am Nachmittag brennt die Sonne so heiß, daß Mutter Teddy das Planschbecken mit Wasser füllt.

„Hurra, jetzt können wir Schiffe schwimmen lassen!" ruft Polli.

„Und uns naß spritzen", lacht Tobias und schlägt kräftig ins Wasser.

„Hör auf!" droht Polli. „Du hast mich heute schon genug vollgespritzt! Sonst tauch ich dich unter!" Sie springt mit so viel Schwung in das Becken, daß Tobias ordentlich naß wird.

Mutter Teddy kommt mit ihrem Strickzeug in den Garten und macht es sich neben dem Planschbecken bequem. „Streitet euch nicht dauernd, Kinder!" mahnt sie. „Und spritzt ja nicht bis zu mir herüber, ich habe heute schon geduscht!"

Tobias schlägt vor: „Laß uns Seereise spielen. Ich bin der Kapitän, und du bist ein Schiffbrüchiger in einem kleinen Boot. Ich rette dich, und dann mußt du als Schiffsjunge auf meinem Dampfer arbeiten."

Polli zieht eine Grimasse. „Immer willst du der Kapitän sein", schmollt sie. „Ich will nicht den Schiffsjungen spielen. Da muß ich dauernd machen, was du sagst!"

„Ach, Polli, sei doch nicht gleich beleidigt. Wir spielen nachher noch einmal, und dann darfst du der Kapitän sein. Einverstanden?" Polli nickt.

Der kleine Purzel aber backt lieber Kuchen. „Wir könnten doch bei Purzel Sandkuchen einkaufen, als Schiffszwieback für unterwegs!" schlägt Polli vor.
„Gute Idee! Hast du gehört, Purzel? Du mußt uns Schiffszwieback backen!"

Später topft die Mutter Blumen um. „Polli, holst du mir bitte Erde vom Komposthaufen?" fragt sie.

Polli springt auf und holt sich den Schubkarren. Als Purzel das sieht, jubelt er vor Freude.

„Hurra! Schubkarren fahren! Nimm mich mit, bitte!"

Und so sitzt auf dem Hinweg zum Komposthaufen Purzel im Schubkarren, beim Rückweg ist Erde darin.

Polli stöhnt. „Auweia, Purzel, du bist ganz schön schwer geworden! Du ißt zu viel Kuchen!"

„Ist gar nicht wahr!" protestiert Purzel. „Du ißt selber viel mehr Kuchen als ich!"

Auch Tobias ist aus dem Planschbecken geklettert und versorgt jetzt seine weißen Mäuse. „Weißt du noch, Polli, wie ich die Mäuse in die Schule mitgenommen habe? Das war ein Spaß!" kichert er.

„Was höre ich da, Tobias? Du hattest die Mäuse in der Schule mit?" Mutter Teddy ist ganz entsetzt. „Na, da hast du ja Glück gehabt, daß ich das nicht bemerkt habe. Da hättest du Ärger bekommen! Was hat denn Lehrer Brumm dazu gesagt?"

„Och, nicht viel", druckst Tobias herum. „Er hat uns die Mäuse sogar malen lassen. Ehrlich!"

Polli kommt ihrem Bruder zu Hilfe. „Das stimmt, Mami! Und das Bild von Tobias wurde dann im Klassenzimmer aufgehängt, weil es so schön war!"

Am Nachmittag kommt Vater Teddy heim. „Wie fleißig ihr seid!" staunt er. „Da mähe ich jetzt am besten noch den Rasen."
Tobias aber verschwindet. Es ist besser, wenn Vater nichts von den Mäusen in der Schule hört!

„Komm, wir spielen Ball!" schlägt Tobias vor. Er läuft mit Polli in den Obstgarten.

„Wer den Ball fallenläßt, ist ein Dummkopf!" ruft Polli. Hoppla — da rollt er ihr auch schon aus der Hand. Tobias lacht. „Dummkopf, Dummkopf!"

Der Vater kommt mit einem Korb in den Garten, um Kirschen zu pflücken. Er hat Tobias gerade noch rufen hören.

„Du sollst doch nicht immer deine Schwester beschimpfen!" ermahnt er.

„Es ist ja nur ein Spiel! Außerdem war es ihre Idee", verteidigt sich Tobias.

Mutter Teddy kommt auch in den Obstgarten und harkt das gemähte Gras zusammen. Polli und Tobias werfen den Ball hin und her. Niemand achtet auf Purzel.

Plötzlich ein Schrei — „Mami!" und ein Plumps. Alle drehen sich um.

Ach du Schreck! Purzel ist in den Teich gefallen! „Schnell, Mami! Hilfe!" Polli und Tobias schreien aufgeregt durcheinander. So schnell er nur kann, kommt Vater Teddy die Leiter herunter — und reißt den Korb voller Kirschen um! Die Mutter zieht Purzel aus dem Wasser. Der brüllt aus Leibeskräften. „Ist doch nichts passiert!" beruhigt sie ihn. „Komm, ich trockne dich ab, dann ist gleich alles wieder gut!"

„Oje, die schönen Kirschen!" stöhnt Vater Teddy. „Jetzt kann ich noch einmal von vorn anfangen!"
Während Mutter Teddy mit dem pitschnassen Purzel ins Haus geht, helfen ihm Polli und Tobias, die Kirschen wieder aufzuklauben.

Gegen Abend will Vater Teddy noch einen neuen Baum einpflanzen. Polli und Tobias haben inzwischen so viel Spaß an der Gartenarbeit, daß sie ihm auch dabei fleißig helfen.

Sie graben ein Loch im Rasen, das groß genug ist, um den Wurzelballen des jungen Baumes aufzunehmen. Da kommen sie ganz schön ins Schwitzen!

„Ich habe gar nicht gedacht, daß die Erde so hart ist", ächzt Tobias.

„Das Loch ist jetzt aber bestimmt groß genug, du kannst aufhören", sagt der Vater und stellt den Baum hinein. Polli gießt Wasser dazu, und Tobias schaufelt die Erde an die Wurzeln.

„Holst du noch eine Kanne voll, Polli?" fragt Vater Teddy. „Es hat schon so lange nicht mehr geregnet, da müssen wir den Baum gut einwässern, sonst verdurstet er."

„Ich glaube, da verdurstet noch jemand!" ruft Mutter Teddy von der Terrasse herüber. „Purzel, trink den Vögeln nicht das Wasser weg! Und dann kommt alle zu Tisch! Es gibt Kakao und Kuchen!"

Na, das braucht sie nicht zweimal zu sagen!

„Endlich!" jubelt Polli und stürmt los.

„Laßt mir noch etwas übrig!" lacht Vater Teddy. „Und vergeßt nicht, euch die Hände zu waschen!"

Der Vater nimmt den kleinen Purzel auf den Arm. „Komm, Söhnchen, es gibt jetzt etwas Besseres als Wasser aus der Vogeltränke! Aber wenn wir uns nicht beeilen, dann hat Polli alles aufgegessen! Bei Kuchen ist sie nicht zu halten!"

Schließlich sitzt die ganze Bärenfamilie um den Tisch und läßt es sich schmecken.
„Was für ein schöner Tag!" freut sich Mutter Teddy.
„Aber das Beste", schmatzt Polli mit vollen Backen, „ist auf jeden Fall der Kuchen!"

Hurra, Ferien!

Was machen wohl meine zehn Teddybären in den Ferien? Etwas unternehmen — na klar! Aber was? „Ich werde zum Angeln gehen. Ich liebe nämlich Fisch über alles!" schwärmt Balduin. Seine neun Freunde kichern. „Fisch? Na, dann guten Appetit!"

Bao-Bao, der Pandabär, hat große Pläne: „Ich will nach China fliegen und Mama und Papa besuchen. Begleitet ihr mich zum Flughafen? Alle acht?"
Natürlich tun sie das, obwohl es in Strömen regnet. Hoffentlich scheint bald wieder die Sonne!

„Du wirst bestimmt Heimweh bekommen!" jammert Rosita. „China ist doch so weit weg!"
Konny legt sich eine Zeitung als Regendach auf den Kopf und tröstet sie: „Er kommt doch bald wieder! Und ich bin gespannt, was er alles erzählen wird!"

„Ich mache Ferien auf einem alten Schloß", erklärt Rosita den Bären, die noch zu Hause sind. „Und bevor ich losfahre, lade ich euch alle sieben ein — zu einem Kostümfest! Dann könnt ihr auch einmal sehen, wie vornehm es auf einem Schloß zugeht!"

Johann hält Rosita einen Spiegel hin. „Du siehst herrlich aus! Heute sollst du unsere Königin sein!"
„Und ich bin der König! Ich habe eine Krone!" ruft Honigmäulchen und zerrt am blauen Ballon.
„Hoch, König Honigmäulchen! Hoch, Königin Rosita!"

Bernhard mit seiner karierten Weste wird Golf spielen gehen. „Wollt ihr es nicht auch einmal ausprobieren?" fragt er seine sechs Freunde.

„Gern!" ruft Honigmäulchen. „Aber wie? Dieser Schläger ist ja länger als ich!"

Bernhard macht ihm vor, wie es geht. „Leicht in die Knie gehen, Schwung holen, und dann — zack!"
„Wirklich, ein toller Schlag!" kichert die Koalabärin Mathilda. „Fast hättest du Johann getroffen! Ich glaube, wir gehen lieber in Deckung!"

Und was wird Sepp machen, mein ältester Teddy? Ob er wieder, wie jedes Jahr, mit seinem Zelt loszieht? „Natürlich! Für mich gibt es nichts Schöneres", lacht er. Im Nu hat er das Zelt aufgebaut und kocht für seine fünf Gäste Kräutertee.

„Du hast recht, es ist wirklich gemütlich bei dir!" meinen die Teddys. „Vielleicht sollten wir einfach hierbleiben für den Rest des Urlaubs!"
Aber da protestiert Sepp ganz entschieden: „Bloß nicht! Ich möchte einmal im Jahr meine Ruhe haben!"

Der große Johann hat eine besondere Überraschung.
Erst einmal lädt er die vier Bären zum Eisessen ein.
Dann erzählt er: „Hier, in dieser Eisdiele, werde ich zwei
Wochen als Kellner aushelfen!"
„Arbeiten? In den Ferien? Das würde mir nie einfallen",

gähnt Fernando. Er hat seinen Eisbecher schon leergelöffelt und macht es sich auf einer Liege bequem. Johann aber lacht nur. „Es macht Spaß, glaubt mir. Ich lerne eine Menge netter Leute kennen — und ich kann so viel Eis essen, wie ich will!"

„Ich würde ja am liebsten nach Australien fliegen, in meine Heimat", träumt Mathilda, die Koalabärin. „Aber das ist so weit weg! Deshalb baue ich mir einfach hier ein Baumhaus. Und dann stelle ich mir vor, ich sitze auf einem Eukalyptusbaum mitten im

australischen Busch ... Eukalyptusblätter sind nämlich meine Leibspeise!"
Die drei Bären winken zum Abschied.
„Paß auf, daß du nicht vor lauter Träumen vom Baum fällst!" ruft Fernando.

Honigmäulchen, das ist Udos Spitzname, macht Ferien auf dem Bauernhof. Dort kann er nach Herzenslust schlemmen. Gleich am ersten Tag gibt es ein Picknick mit Kuchen und gefüllten Honigwaben.

„Hast du keine Angst vor den Bienen?" fragen seine

beiden Freunde Konny und Fernando. „Sieh nur, sie wohnen in dem Astloch dort, genau über dir!"
Aber Honigmäulchen lacht nur. „Keine Sorge! Ich werde sie in Ruhe lassen, dann tun sie mir auch nichts. Und ohne Bienen gäbe es ja keinen Honig!"

So, nun ist Fernando an der Reihe. „Ich will in der Wüste tausend Sandkuchen backen", schwärmt er. „Und wenn mir heiß wird, dann esse ich Eis oder tauche und plansche im Schwimmbad."
Konny begleitet ihn. „Puh, ist das eine Hitze hier!"

stöhnt er und packt rasch seine Sachen wieder zusammen. „Nichts wie weg! Auf bald, Fernando!" Und fort ist er, zurück nach Hause.
Fernando aber streckt sich in seinem Liegestuhl aus. „Mh! Erdbeereis!" schmatzt er zufrieden.

Und wer ist nun als einziger noch übrig? Der pfiffige Konny! Mal sehen, was er vorhat!
„Ich bleibe daheim! Ich habe jetzt alle neun Freunde begleitet und dabei festgestellt: Am schönsten ist es doch zu Hause!"

Die Zeit vergeht wie im Flug, und ein Teddy nach dem andern kommt wieder aus den Ferien zurück. Konny empfängt sie. Das gibt ein Hallo! Jeder will zuerst erzählen!
Wer hat wohl am meisten erlebt?

Im nächsten Sommer haben sie dann wieder Ferien, meine zehn kleinen Teddybären!
Bis dahin müssen sie aber noch einiges tun: schaukeln, Ball spielen, Steckenpferdchen reiten ... eben leben wie richtige Teddybären.

Gut gemacht, kleiner Bär!

Was ist nur heute am Waldsee los? Spielen die Tiere jetzt etwa mit unserem Müll?
Ich will euch erzählen, was geschehen ist:

„Klingling! Klingling! Klingling!"
Der kleine Bär springt aus seinem Schaukelstuhl auf und öffnet die Haustür. Vor ihm stehen drei Kaninchen, Tim, Taps und Toddi.

„Ihr läutet ja Sturm! Wo brennt's denn?" fragt der kleine Bär. Doch dann schlägt er entsetzt die Hände zusammen. „Du lieber Himmel, Taps! Du blutest ja! Was hast du nur gemacht?"

„Ich habe mir eine Scherbe in den Fuß getreten!" jammert Taps. „Kannst du sie rausziehen?"

„Es ist auf der Lichtung vor unserem Bau passiert. Dort liegt in letzter Zeit so viel Müll herum", erklärt Tim, und Toddi fügt hinzu: „Wir haben ihn den ganzen Weg hierher stützen müssen. Er kann mit dieser Pfote überhaupt nicht mehr auftreten!"

„Jetzt kommt erst mal rein und setzt Taps auf einen Stuhl. Ich hole gleich heißes Wasser, Salbe und Verbandszeug."

Vorsichtig hüpft Taps auf seinem gesunden Fuß ins Haus. Tim und Toddi helfen ihm dabei.

„Bin ich froh, daß wir endlich hier sind!" schnauft Tim. „Du bist ganz schön schwer, Taps, weißt du das? Du solltest nicht so viel Kohl futtern!"

Aber Taps kann heute über Tims Witze überhaupt nicht lachen. Der Fuß tut ihm so weh!

„Laß doch den armen Taps in Ruhe mit deinen Sprüchen!" schimpft Toddi. „Er hat wirklich genug durchgemacht! Sieh nur, wie er blutet!"
Tim seufzt: „Ich meine es ja nicht böse. Ich wollte ihn doch nur ein bißchen ablenken."

In der Küche des kleinen Bären sinkt Taps völlig erschöpft auf einen Stuhl. Der Bär hat inzwischen schon den Verbandskasten und heißes Wasser geholt. Tim und Toddi gehen ein paar Schritte zurück. Tim versteckt sich sogar hinter seinem Freund.
„Ich kann gar nicht hinschauen!" jammert er.
„Alles halb so schlimm", beruhigt ihn der Bär. Er kniet sich vor Taps hin. „Es wird dir ein bißchen weh tun", sagt er zu ihm, „aber nur ganz kurz. Danach geht es dir gleich wieder besser."
„Auauau!" jammert Taps und hält sich die Augen zu. Vorsichtig untersucht der kleine Bär die Wunde. Und noch bevor Taps es so richtig spürt, hat er die Scherbe schon mit einer Zange herausgezogen.
„Da haben wir sie!" ruft er und hält sie hoch. „Das Schlimmste ist vorüber, Taps, du kannst die Augen wieder aufmachen!"
Alle sind sehr erleichtert. „Ich muß jetzt nur noch die Wunde säubern und verbinden. Taps, dann hast du's geschafft und kannst morgen bestimmt schon wieder auftreten!" versichert ihm der kleine Bär.
Nachdenklich fügt er hinzu: „Solche Verletzungen werden jetzt wohl noch öfter vorkommen. Bei all dem Müll und Gerümpel, das hier in unserem Wald herumliegt! Es sei denn …"

„Was?" fragen alle gespannt.
„Ich habe da so eine Idee. Eichhörnchen, lauf los und ruf für fünf Uhr alle Tiere am See zusammen!" sagt der kleine Bär. Mehr verrät er nicht, obwohl die Kaninchen vor Neugier fast platzen.

Wie ein Wirbelwind saust das Eichhörnchen durch den ganzen Wald.

Es erzählt allen Tieren die Geschichte von Taps und seiner zerschnittenen Pfote und bittet sie dann, um fünf Uhr an den See zu kommen.

„Was hat denn der kleine Bär vor? Verrat es uns doch!" betteln die Tiere, die alle mindestens ebenso neugierig sind wie die Kaninchen. Aber das Eichhörnchen kann nichts sagen — es weiß ja selbst nicht, worum es geht!

„Kommt einfach, dann werdet ihr es erfahren!" ruft es und springt weiter.

Pünktlich um fünf sind alle versammelt. Sogar Taps ist herbeigehumpelt.

Der kleine Bär stellt sich auf einen Baumstumpf, damit ihn alle gut sehen und hören können. Die Tiere sind mucksmäuschenstill.

„Liebe Freunde", beginnt der kleine Bär. „In unserem Wald, auf unseren Wiesen, ja sogar in unserem See liegt Müll von den Menschen. Und jedes Jahr wird es mehr. Das schaut häßlich aus, aber vor allem ist es gefährlich! Sicher habt ihr es schon gehört: Eine Scherbe hat Taps heute die Pfote zerschnitten. So geht es nicht weiter! Wollen wir, wir alle zusammen, hier einmal gründlich saubermachen?"

„Eine gute Idee! Bravo!" rufen alle durcheinander.
Nur der Fuchs fragt: „Und wo sollen wir den Müll hinbringen? Zurück zu den Menschen?"
„Das Zeug gehört auf die Mülldeponie!" zwitschert der Vogel. „Ich kann euch zeigen, wo sie ist."

Am nächsten Morgen bei Sonnenaufgang treffen sich die Tiere auf der Lichtung beim Kaninchenbau. „Ich habe den Leiterwagen mitgebracht", sagt der kleine Bär. „Da laden wir alles drauf."
„Was hier so rumliegt!" staunt ein Igel.
Das Eichhörnchen ruft: „Hier ist die zerbrochene Flasche! In so eine Scherbe ist Taps reingetreten!"
„Paß bloß auf, daß du dir nicht auch noch die Pfoten aufschneidest!" ermahnt ihn Tim und öffnet einen alten Koffer. „Hoppla, da wohnt ja jemand!"
Eine Mäusefamilie hat es sich in dem Koffer gemütlich gemacht. Zuerst sind die Mäuse ein bißchen traurig, daß sie ihr Haus verlassen müssen. Aber Vater Maus sieht ein, daß der kleine Bär recht hat.
„Der Plan ist gut! Und wir freuen uns schon auf den sauberen Wald." Dann packen sie schnell ihre Sachen auf einen winzigen Wagen und suchen sich ein leerstehendes Mauseloch.
„Wir kommen gleich wieder zurück!" ruft Mutter Maus. „Dann helfen wir mit!"
„Sind das hier viele Flaschen!" stöhnt der kleine Bär. „Ein Glück, die meisten sind noch heil. Sonst wäre noch viel mehr passiert!"
Er stellt die Flaschen alle in eine große Kiste. „Bring die Scherben zu mir, Eichhörnchen!" ruft er.

„Seht nur, was ich hier Seltsames habe!" kichert Toddi und schwenkt das Gerippe eines Regenschirms.
„Du hast doch nur Unsinn im Kopf!" brummt der kleine Bär. „Leg das Ding auf den Wagen und hilf mir mit den Flaschen, sonst werden wir nie fertig!"

„So, ihr Fische, Enten und Biber, jetzt seid ihr an der Reihe! Holt alles vom Grund herauf, was ihr tragen könnt!" — „Da liegen aber auch ein schweres Fahrrad und Autoreifen!" sagen die Biber. „Die knotet ihr an einem Seil fest. Die Kaninchen und ich ziehen sie

aus dem Wasser." Alles klappt prima, bis sich die drei Kaninchen gleichzeitig nach einer Seite aus dem Boot lehnen. Platsch! — macht es. Und dann müssen der kleine Bär und die Biber die pitschnassen Kaninchen aus dem See ziehen.

Der Leiterwagen ist inzwischen so schwer geworden, daß der kleine Bär zwei Rehe davor gespannt hat. „Hier sieht's am schlimmsten aus!" meint ein Igel. „Hurra! Wollen wir nicht eine Weile auf dem Sofa hopsen?" lacht das Eichhörnchen. „Schon wieder Papp-

teller mit Ketchupresten!" stöhnt der Fuchs. „Und ich hab' einen Schuh, juhu!" ruft das Kaninchen. Sie lachen über die Späße und schleppen, zerren und wuchten ein Stück nach dem anderen auf den Wagen. Den ganzen Tag lang!

Als sie dann endlich vollgepackt bei der Mülldeponie ankommen, steht schon der Mond am Himmel.

„Wenn ich nur wüßte, wie wir den Müll jetzt sortieren müssen!" seufzt der kleine Bär und sieht sich ratlos um. „Am besten, ich fange mit den Flaschen an. Die bunten in den linken Behälter, die weißen in den rechten."

„Und hier gehören die alten Reifen hinein!" ruft Taps. „Los, Toddi, hilf mir! Diese Dinger sind ganz schön schwer!"

Das müde Igelkind späht in den Behälter neben den Autoreifen. „In dieser Kiste ist lauter Blech und Metall drin. Da können wir die Dosen und Toddis alten Regenschirm reinwerfen", verkündet es.

Langsam wird der Wagen der Tiere leer. Aber einige Sachen liegen immer noch darauf, für die die Tiere keine Behälter finden können.

„Ich glaube, den Rest müssen wir in die alte Sandgrube kippen. Die Menschen scheinen das so zu machen", überlegt der kleine Bär und schaut in die Grube hinunter. Er runzelt die Stirn.

„Ob das so richtig ist?" fragt er sich. „Es sieht jedenfalls schauderhaft aus."

Aber was bleibt den Tieren übrig? Sie leeren den Wagen aus und kehren wieder heim.

Alle sind zum Umfallen müde. Tim gähnt. „Was für ein Tag! Wie geht es überhaupt deinem Fuß, Taps?"
„Ich spüre fast gar nichts mehr. Dafür tut mir mein Rücken weh!" stöhnt Taps und reckt sich. „Morgen werde ich von früh bis abends nur faulenzen!"

Von nun an freuen sich die Tiere jeden Tag aufs neue über den sauberen Wald. „Das war eine großartige Idee!" loben sie den kleinen Bären.

Doch bald darauf verbreitet sich mit Windeseile die Nachricht: „Menschen machen Picknick auf der Lichtung beim Kaninchenbau!"

„Nicht schon wieder!" jammern die Kaninchen. „Jetzt geht das schon wieder los! Wir sind doch keine Müllarbeiter!"

„Laßt uns gleich hingehen und nachsehen, was sie treiben", schlägt der kleine Bär vor. „Vielleicht lassen sie ja nicht viel liegen, dann räumen wir es gleich wieder weg. Auf diese Weise können wir unseren Wald ganz schön sauber halten."

Die Tiere laufen hinüber zur Lichtung. Hinter jungen Tannen versteckt, beobachten sie die Familie, die dort im Gras sitzt.

„Wenn ich bloß diese Flaschen sehe, dann tut mir mein Fuß weh", seufzt Taps und pirscht sich ganz nahe an die Menschen heran.

Doch nach dem Picknick passiert etwas Unerwartetes: Die beiden Menschenkinder räumen allen Müll in zwei große Tüten und nehmen ihn mit. Ja richtig, sie nehmen ihn mit nach Hause! Nicht ein Krümel bleibt auf dem Platz zurück!

Die Tiere sind zuerst stumm vor Staunen.
„Habt ihr das gesehen?" fragt der Rehbock dann und schüttelt sein Gehörn. „Warum machen das die Menschen nicht immer so? Sie könnten uns viel Arbeit und Ärger ersparen!"

Den ganzen Heimweg überlegen die Tiere hin und her. Sie werden einfach nicht schlau daraus.

„Ich versteh's nicht. Bis jetzt haben sie ihren Abfall doch immer einfach in den Wald geworfen, und heute nehmen sie plötzlich alles mit nach Hause. Woran liegt das nur?" fragt sich der kleine Bär.

Taps betrachtet seinen Fuß und meint: „Vielleicht ist eines von den Kindern auch einmal in eine Scherbe getreten."

„Oder die Menschen finden es selbst nicht schön, zwischen lauter Müll und Abfall zu sitzen, wenn sie ein Picknick machen", sagt der Igel.

Das Eichhörnchen springt vergnügt vor den anderen her. „Vielleicht gibt es auch einfach verschiedene Menschen", vermutet es. „Solche, die überlegen, was sie tun, und darum die Natur sauber halten, und andere, die ihren Dreck überall hinwerfen und sich nichts dabei denken."

„Wahrscheinlich hat jeder von euch ein bißchen recht", stimmt der kleine Bär zu. „Wollen wir hoffen, daß unser Wald jetzt so schön sauber bleibt. Dann hätten alle etwas davon: die Menschen, die Pflanzen und wir Tiere!"

„Juhu!" jubelt Taps und hüpft in die Höhe. Denn seine Pfote ist wieder ganz heil!

Familie Teddy auf dem Bauernhof

An einem schönen Sommertag fährt Familie Teddy zu Oma und Opa aufs Land. Die Sonne scheint so warm, daß Vater Teddy das Schiebedach geöffnet hat. Nun zaust der Fahrtwind in den Haaren der Zwillinge Tobias und Polli, die hinten sitzen. „Dauert es noch lange?" fragt Polli.
„Nein, es sind nur noch zehn Minuten zu fahren!" erklärt Vater Teddy. „Hurra, hurra, jetzt sind wir schon fast da!" singen die Zwillinge fröhlich.
Doch plötzlich gibt es einen Ruck: Vater Teddy hat scharf gebremst. „Da sind Schafe auf der Fahrbahn! Ich konnte gerade noch rechtzeitig anhalten", sagt er.
„Schafe streicheln!" brabbelt der kleine Purzel, der auf dem Schoß von Mutter Teddy sitzt. Er greift nach der Tür.
„Nein, das geht nicht! Schau, die Schafe sind ganz nah am Auto. Wir können die Tür nicht aufmachen!" erklärt Mutter Teddy.
Tatsächlich drängen sich die Schafe zwischen dem Auto und dem weißen Zaun durch. Dabei stoßen und schubsen sie so, daß das Auto wackelt.
„Hilfe! Nicht umwerfen!" ruft Tobias ängstlich.
Doch die Schafe verstehen ihn natürlich nicht. Sie schubsen und drängeln weiter. Da kriegen es die Teddys aber mit der Angst zu tun! Nur Purzel nicht, er lacht sogar. Endlich ist die Herde vorbeigezogen. Familie Teddy atmet auf.
„Das muß ich gleich der Oma erzählen!" meint Polli.

Tobias entdeckt etwas anderes. „Schaut euch mal unser Auto von außen an!" fordert er die Familie auf. Als alle die Köpfe aus den Fenstern beugen, sehen sie es auch: Das rote Auto glänzt. Es ist kein Schlammspritzer und kein Dreck mehr zu sehen! Das waren die Schafe mit ihrer Wolle!

Bald darauf erreicht Familie Teddy den Bauernhof. Oma und Opa kommen aus dem Haus. „Wie schön, daß ihr da seid!" freuen sie sich.

Aber die Kinder haben keine Zeit, um zu antworten.

„Oh, bist du ein niedliches Kätzchen!" ruft Polli begeistert und nimmt das weiße Tierchen gleich auf den Arm. Mutter Katze schaut aufmerksam zu, ob ihrem Kind auch nichts passiert. Aber Polli streichelt das Kätzchen nur. Tobias hat Cora entdeckt. Die Hündin kennt ihn noch vom letzten Mal und springt bellend an ihm hoch. „Du hast ja auch schon Kinder!" wundert sich Tobias. „Ihr Fell hat sogar die gleiche Farbe wie deins!"

Purzel strampelt auf Mutter Teddys Arm. Er würde auch gern Cora und die kleinen Hunde streicheln, doch die Mutter hält ihn fest.

„Guten Tag, Oma und Opa!" begrüßt sie die Großeltern. „Purzel möchte auf die Erde herunter. Ist das nicht zu gefährlich?" fragt sie zögernd.

„Du kannst ihn schon krabbeln lassen. Wir müssen bloß aufpassen, daß er den Gänsen nicht zu nahe kommt. Die zwicken ihn sonst!" antwortet Oma.

„Wie war die Fahrt?" fragt Opa die Kinder.

„O Opa, hier sind so viele Tiere! Das finde ich ganz toll!" sprudelt Tobias hervor.

„Oma, Opa, wir haben auf der Fahrt auch schon viele

Tiere gesehen!" erzählt Polli. Sie berichtet nun ausführlich von den Schafen auf der Straße.
„Das ganze Auto hat gewackelt!" ergänzt Tobias. „Und sie haben mit ihrer Wolle das Auto poliert!"
„Das waren sicher die Schafe vom Nachbarn", meint Opa.

Am Nachmittag zeigt Opa den Zwillingen den ganzen Bauernhof. Zuerst gehen sie in den Kuhstall. „Wie ist's, helft ihr mir heute abend beim Melken?" fragt Opa seine Enkelkinder.

„Natürlich! Du mußt mir nur sagen, was ich tun soll!" antwortet Polli sofort. Tobias sagt nichts. Vom letzten Mal her weiß er noch, wie riesig ihm die Kühe vorkamen.

Danach führt Opa sie zu den Hühnern:

„Sie müssen noch gefüttert werden. Dort drüben steht eine Schüssel mit Körnern. Streut sie auf den Boden, das mögen sie!"

Dabei macht auch Tobias gerne mit.

„Bei den Ponys muß ich noch den Stall ausmisten!" sagt Opa. „Wer kommt mit?"

„Ich, ich!" rufen die Zwillinge fast gleichzeitig.

Neben Schecki, dem großen Pony, steht ein neues, noch ganz kleines Ponyfohlen. „Ist das süß!" Tobias bewundert es. Er streichelt die Mähne und das zottelige weiche Fell. „Es sieht genau aus, wie seine Mutter!" meint er. Doch der Opa widerspricht: „Schau genau hin; es gibt Unterschiede zwischen ihnen!"

„Es hat einen weißen und einen schwarzen Huf!" ruft Tobias, nachdem er das Fohlen genau betrachtet hat.

Polli fragt: „Opa, darf ich auf Schecki reiten?"

„Ich auch?" will Tobias wissen.

„Natürlich dürft ihr! Tobias als erster, dann du, Polli."
Opa hebt Tobias hinauf. „Halte dich an der Mähne fest,
damit du nicht herunterpurzelst! Ich nehme die Zügel und
führe dich." Nach zwei Runden im Hof ist Polli an der Reihe.
„Das war herrlich!" bedanken sich die Kinder.

Am nächsten Morgen tut Oma ganz geheimnisvoll: „Ich habe eine Überraschung für euch!"

„Oh, was ist es denn? Vielleicht ein neues Kälbchen?" fragt Polli neugierig.

„Oder gibt es Kaninchenbabys?" rät Tobias.

„Nein, etwas ganz anderes. Es hat mit Schecki zu tun!" gibt die Oma ihnen einen Hinweis.

„Och, geritten sind wir doch gestern schon!" maulen die beiden Teddy-Kinder.

„Nun, wir machen eine Kutschfahrt mit Picknick! Schecki wird uns ziehen", sagt Oma.

„Toll! Dürfen wir Schecki schon holen?" fragen Polli und Tobias.

„Das machen wir zusammen", meint der Opa. „Die anderen können inzwischen den Picknickkorb packen!"

Opa, Vater Teddy, Polli und Tobias gehen hinaus. Aus dem Schuppen ziehen sie den roten Wagen heraus. Polli darf Schecki zum Wagen führen.

„Tobias, ich zeige dir, wie man Schecki einspannt." Opa nimmt ihn bei der Hand. „Tut das Schecki auch nicht weh?" fragt Tobias.

„Nein, Schecki zieht den Wagen sogar besonders gern!"

„Wohin geht denn die Kutschfahrt?" erkundigt sich Vater Teddy.

„Zum Silbersee! Da können wir angeln, schwimmen oder

gemütlich auf der großen Wiese liegen", verrät Opa. Es dauert noch eine Weile, bis der Picknickkorb verstaut ist und alle einen Platz gefunden haben. Polli und Tobias dürfen bei Opa auf dem Kutschbock sitzen. „Hoch auf dem roten Wagen, sitz' ich beim Opa vorn...", singt Tobias.

Am Silbersee angekommen, breitet Oma die Picknickdecke aus. Vater Teddy hilft ihr, den Kuchen, die Brötchen und die Würstchen auszupacken.

„Ich habe solchen Durst!" jammert Polli.

„Dann komm her und trinke etwas", fordert Oma sie auf. Nun setzen sich alle zusammen um die Decke herum und essen und trinken.

„Wer geht mit mir angeln?" fragt Opa.

„Ich, ich!" ruft Tobias laut. Polli dagegen hat keine Lust dazu.

„Viel Spaß! Hoffentlich beißen viele Fische an!" wünscht Vater Teddy den beiden Anglern.

Aber als Opa und Tobias zurückkehren, haben sie keinen einzigen gefangen.

„Gesehen habe ich viele Fische, aber sie wollten nicht anbeißen!" erzählt Tobias, während er noch im Boot sitzt. „Und Libellen habe ich entdeckt, und in meiner Hand sitzt ein Frosch!" Er springt auf und streckt seine Hand zu Polli hinüber. Da schwankt das Boot, und Tobias fällt — plumps! — ins Wasser.

„Halt dich am Kescher fest!" ruft Opa und streckt ihm den langen Stock mit dem Netz entgegen. Tobias ergreift ihn, und Opa zieht ihn ins Boot zurück. Er lacht: „Haha, jetzt habe ich doch etwas gefangen. Und was für einen großen Fisch!" Da müssen auch Tobias und Polli mitlachen.

Oma rubbelt Tobias mit dem Handtuch trocken. „Setz dich in die Sonne, damit du keine Erkältung bekommst!"
Mutter Teddy hat von all dem nichts bemerkt. Sie ist auf der Suche nach dem kleinen Purzel.
Am Abend spannt Opa Schecki ein, die alle heimbringt.

Am nächsten Tag müssen Oma und Opa wieder richtig arbeiten. „Wollt ihr uns ein wenig helfen?" fragt Oma. „Ihr könnt die Kaninchen füttern und ihre Ställe ausmisten, wie richtige Bauernkinder das auch tun!"

„Au ja, das machen wir!" Tobias und Polli sind begeistert. Sie fangen gleich an: Als erstes nehmen sie die Kaninchen aus ihren Ställen heraus. Dann kehren sie das alte Stroh in die Schubkarre und fahren es zum Misthaufen. Anschließend holen sie frisches Stroh aus der Scheune und legen damit den Boden der Kaninchenställe aus.

„Jetzt stinkt es nicht mehr so!" meint Tobias.

„Und viel gemütlicher ist es auch!" ergänzt Polli. „Die Kaninchen brauchen nun noch Futter und Wasser. Hole du das Wasser, ich besorge Futter!"

Der kleine Purzel hat die Kaninchen entdeckt und krabbelt neugierig zu ihnen hin. Aber jedesmal, wenn er eines anfassen will, macht es einen Sprung. Purzel muß wieder hinterher kriechen. Er jauchzt vor Vergnügen.

„Nun fangen wir die Kaninchen wieder ein!" sagt Tobias. Doch das ist leichter gesagt, als getan: Immer, wenn er seine Hände ausstreckt, um ein Langohr hochzuheben, hüpft es ein Stück weiter.

„Hilf mir, Polli! Ich treibe das Kaninchen zu dir, und du fängst es dann!"

Und so gelingt es auch, alle Kaninchen einzufangen und

wieder in den Stall zu setzen. Das kleine hellbraune aber hält Polli noch eine Weile fest. „Fühl mal, wie weich es ist!" murmelt sie. „Purzel, komm, du darfst es auch mal streicheln!" Purzel strahlt vor Freude, als seine Finger das Kaninchen zausen.

Am Abend sagt Opa: „Wollt ihr ins weiche Heu springen?"
Das braucht er nicht zweimal zu fragen. In der Scheune räumt er sorgfältig alle Geräte zur Seite und legt die Leiter an. Und dann springen die Zwillinge ins Heu, immer wieder: „Das ist der schönste Spielplatz von allen!"

Zwei Freunde

Ich bin der kleine Bär Jaromir. Ich gehöre Lisa, dem Mädchen mit den lustigen Zöpfen. Sie fährt mich im Puppenwagen zum Spielplatz. Anne und Timo sind auch dabei. Da höre ich ein leises Maunzen. Das kann nur Mikesch sein, mein bester Freund! Wo ist er? „Miau, ich bin hier oben!"

Lisa, Timo und Anne spielen im Sandkasten. Lisa hat den Wagen am Rand stehen lassen. Nun ist er umgekippt. Igitt! Ich bekomme Sand ins Fell und in die Augen. Das mag ich gar nicht! Endlich entdeckt Mikesch mich. Er zieht mich aus dem Sand. „Laß uns einen Spaziergang machen!" sagt er.

Zusammen gehen wir in den Wald. Hier gibt es aber viele Tiere! Die Hasen und das Reh finde ich niedlich, nur vor dem Fuchs habe ich ein wenig Angst. Ob er wohl kleine Bären frißt? Mikesch faucht drohend. Da setzt sich der Fuchs friedlich hin. „Ich will wieder nach Hause", murmele ich.

Doch der Weg nach Hause ist weit. Hinter dem Wald kommt eine Wiese mit Obstbäumen. Die Äpfel leuchten rot. „Magst du Äpfel auch so gern?" frage ich Mikesch. Er antwortet nicht. „Schnell, lauf weg!" ruft er. Und nun sehe ich den Hund auch. Ein Glück, daß ich gut klettern kann!

Als der Hund wieder fort ist, klettere ich vom Baum herunter und laufe heim. „Da bist du ja endlich!" ruft Lisa fröhlich. „Puh, bist du sandig und schmutzig!" Und dann wäscht und bürstet sie mich von oben bis unten ab. Brrr! Die Seife mag ich nicht, aber Wasser habe ich gern!

Endlich bin ich wieder trocken und frisch angezogen! Mikesch springt zu mir auf die Gartenbank. „Das war heute ein aufregender Tag!" maunzt er. „Ja, und am schönsten war es im Wald. Gehen wir morgen wieder dorthin?" frage ich. — „Wenn es dir dort so gut gefällt, dann schon!"

Tapp findet seinen Weg

Tapp, der kleine Bär, ist heute das erste Mal allein unterwegs. Schon von weitem sieht er, wie die herrlichen, gelbroten Äpfel leuchten. Ob sie wohl süß und saftig sind? Tapp futtert gerne süße Sachen und will sich einen Apfel holen. Aber es gibt viele Wege zum Apfelbaum!

Auf dem ersten Pfad, den Tapp nehmen will, sitzt ein Igel und versperrt ihm den Weg. „Über seine Stacheln möchte ich nicht klettern, sonst pikst er mich!" überlegt Tapp. „Wo soll ich nun entlanggehen?" Geradeaus stößt er auf ein Nest mit Eiern. Kannst du ihm den richtigen Weg zeigen?

Ja, jetzt hat er den Weg gefunden und einen großen, reifen Apfel dazu! Aber tragen kann er den Apfel nicht lange, dazu ist er zu schwer. Er rollt ihn bis an das Schiff mit den weiß-blauen Segeln und hebt ihn hinein. „Wind, Wind! Blase fest, daß ich auf die andere Seite komme!" ruft er.

Der Wind füllt das Segel und schiebt das kleine Schiff. „Ich fahre!" jubelt Tapp. Doch wie muß er lenken, um an den Steg zu kommen? Die Ente quakt: „Hier schwimme ich. Fahre eine Kurve um mich herum!" Das ist mit einem Segelboot gar nicht so einfach, aber Tapp schafft es!

„Puh, ist der Apfel schwer!" Tapp wird schnell müde vom Tragen. Und wie der Apfel duftet! „Ob ich wohl ein kleines Stück abbeiße?" überlegt der kleine Bär. Doch nun sieht er von weitem Mutter Bär vor der Haustür stehen. Auch die kleine Schwester schaut schon hinter der Tür vor.

„Nein, sie sollen sehen, wie schön und groß der Apfel ist!" sagt er sich. Strolchi läßt Tapp nicht durch. „Dann gehe ich eben außen herum!" meint Tapp. Bald darauf ist er daheim. „Das ist ja ein wunderschöner Apfel! Und so groß!" staunt Mutter Bär. „Hast du ihn ganz allein hergebracht?"

Familie Teddy in der Stadt

Am Samstag morgen sitzt Familie Teddy gemütlich am Frühstückstisch. Vater und Mutter Teddy trinken Kaffee, die Kinder Polli und Tobias Kakao, und Purzel hält eine Babyflasche in der Hand.

„Das war eine schöne Geburtstagsfeier gestern!" meint Polli. Und Tobias sagt träumerisch: „Ich habe alles bekommen, was ich mir gewünscht habe, nur die weißen Mäuse nicht!" Polli und Tobias haben immer zusammen Geburtstag, sie sind nämlich Zwillinge. Gestern sind sie sechs Jahre alt geworden.

Vater Teddy erinnert die Kinder: „Ihr wißt doch, Oma und Opa haben euch dieses Mal kein Geschenk geschickt, sondern Geld. Davon dürft ihr euch etwas kaufen."

„Prima!" freuen sich die Zwillinge. „Gehen wir gleich in die Stadt und kaufen weiße Mäuse?" bettelt Tobias.

„Du hast es aber eilig!" meint Mutter Teddy. „Ich kann mit euch in die Stadt fahren, aber dann müssen wir auf dem Markt auch noch Obst und Gemüse besorgen. Vater, könntest du wohl auf Purzel aufpassen?"

„Nein, ich muß doch heute die Lampen reparieren. Aber ich hole euch um zwei Uhr beim Café Schlecker ab", antwortet Vater Teddy.

Mutter Teddy, Polli, Tobias und Purzel laufen zum Markt. „Ein Kilo Kartoffeln, bitte", verlangt die Mutter. „Und ein Pfund Möhren und einen Kopf Salat."
Polli paßt auf Purzel auf: Der hat nämlich etwas ganz Besonderes entdeckt und krabbelt unter einen Stand.

„Wann kaufen wir endlich die weißen Mäuse?" drängelt Tobias. „Im Kaufhaus gibt es eine Zooabteilung. Der kürzeste Weg geht durch die Fußgängerzone. Wer mag ein Eis essen?" erkundigt sich Mutter Teddy.
Nur Tobias meldet sich. Bald darauf kommt er mit der

Eiswaffel in der Hand zurück. „Laß Purzel auch mal lecken! Du weißt doch, wie gern er ... Ja ... aber wo ist Purzel denn?" Mutter Teddy schaut sich suchend um. Da hört sie eine tiefe Stimme: „Na so was! Krabbelt einfach über mein Bild!" Mutter Teddy guckt erschrocken.

Purzel hat auf dem Bild des Pflastermalers Spuren hinterlassen: Wo eigentlich Berge und Himmel sein sollen, kann man jetzt die grauen Steine sehen.

Polli rennt schnell hin und packt den kleinen Ausreißer am Höschen.

„Bitte seien Sie Purzel nicht böse! Er hat das Bild sicher nicht gesehen", sagt Mutter Teddy. Sie reicht Purzel ein Geldstück.

„Hier, gib das dem Maler! Dann kann er Farbe für ein neues Bild kaufen und ist nicht mehr traurig!"

Und als Purzel ihm das Geld entgegenstreckt, ist der Straßenkünstler nicht mehr ärgerlich.

„Danke schön!" sagt er freundlich. Da werfen auch andere Teddys ihm Geldstücke zu.

„Mutti, können wir noch ein wenig der Musik zuhören?" bittet Polli.

„Ja. Hast du dir schon überlegt, was du dir von dem Geburtstagsgeld kaufen willst?" fragt Mutter Teddy.

„Hm, vielleicht eine Musikkassette oder ..." Polli denkt nach. „Jetzt weiß ich es: Rollschuhe möchte ich haben! Ob das Geld dafür ausreicht?"

„Ich glaube schon. Wir schauen in der Spielwarenabteilung nach!" antwortet Mutter Teddy. „Tobias, Purzel! Wir wollen weitergehen!" ruft sie.

Aber Tobias und Purzel sind nicht zu sehen.

Polli sagt: „Hinter dieser Ecke ist ein Springbrunnen, vielleicht spielen sie dort. Ich schaue schnell nach!"
Mutter Teddy bleibt allein zurück. „Hoffentlich kommen sie alle drei wieder her!" denkt sie besorgt.
Nach kurzer Zeit sind Polli, Tobias und Purzel wieder da. „Ihr könnt doch nicht einfach fortlaufen! Das nächste Mal sag bitte Bescheid, Tobias!" schimpft Mutter Teddy.
„Als erstes kaufen wir nun für Polli Rollschuhe ein. Erst danach deine Mäuse, Tobias!"
Purzel muß im Buggy sitzen. Das gefällt ihm gar nicht, aber so kommen sie viel schneller zum Kaufhaus.
„Wo finden wir die Spielwarenabteilung?" fragt Mutter Teddy eine Verkäuferin.
„Im zweiten Stock. Der Aufzug ist dort hinten", antwortet sie freundlich.
„Ich will aber Rolltreppe fahren!" mault Polli.
„Mit dem Buggy geht das nicht. Vielleicht beim nächsten Einkauf", tröstet Mutter Teddy sie.
In der Spielwarenabteilung muß Polli mehrere Paar Rollschuhe anprobieren, bis sie passende gefunden hat. „Ich möchte aber lieber rote Rollschuhe!" meckert sie.
„Diese hier haben wir auch in Rot!" Die Verkäuferin holt die roten Rollschuhe, und Polli ist zufrieden.
„Wohin gehen wir jetzt?" fragt Tobias.
„In die Zooabteilung!" erwidert Mutter Teddy.

In der Zooabteilung gibt es viel zu sehen: Kaninchen und Hamster, viele verschiedene Fische und sogar einen Papagei! „Brav sitzenbleiben, Purzel!" sagt Mutter Teddy. Zusammen mit Tobias geht sie zum Verkäufer. Tobias darf sich seine Mäuse selbst aussuchen. „Purzel, schau mal!"

Purzel ist nicht zu sehen. Mutter fragt den Verkäufer: „Haben Sie einen kleinen Teddy mit blauer Hose gesehen? Er kann noch nicht laufen!" Aber der Verkäufer hat keinen kleinen Teddy gesehen. In diesem Moment ruft Tobias: „Hier in der Kiste hockt er!" So ein Glück!

„Ich glaube, wir können jetzt gehen!" meint Mutter Teddy. In diesem Augenblick tönt ein Schrei durch das ganze Stockwerk: „Mami! Mamii!!"

Herrje, das ist ja Polli! Sie steht auf der Rolltreppe. Wupp! setzt Mutter Teddy Purzel in den Buggy, die Pakete auf den Boden und Tobias obenauf.

„Rührt euch nicht vom Fleck, sonst bringen wir die Mäuse zurück!" droht sie. Dann rennt sie zur Rolltreppe.

Als sie mit Polli an der Hand wiederkommt, sitzen beide noch ganz brav am selben Platz.

„Nun will ich noch ein Buch für Vater kaufen", sagt Mutter Teddy. „Er hat bald Geburtstag!"

„Darf ich auch etwas aussuchen? Ich möchte ihm auch was schenken!" fragt Tobias.

„Ich auch! Ich auch!" schließt sich Polli an.

„Habt ihr denn noch Geld übrig?" erkundigt sich Mutter Teddy. „Nein!" antworten die zwei bedrückt.

„Dann überlegt euch ein Geschenk, das kein Geld kostet!" fordert Mutter Teddy sie auf.

„Ein Geschenk, das nichts kostet …", murmelt Polli.

„Ich kann ihm ja eine weiße Maus schenken", meint Tobias. „Aber eigentlich will ich sie lieber behalten!"

Polli hat eine Idee: „Basteln kann ich gut und malen auch. Ich bastele ein Fensterbild für Vater Teddy. Das kostet nichts, und er freut sich bestimmt!"

„Ich mag aber nicht basteln! Mutter, wann bekommen meine Mäuse ihre Mäusekinder?" fragt Tobias neugierig.
„Der Verkäufer hat gesagt, in vier Wochen ungefähr!" antwortet Mutter Teddy erstaunt. „Warum willst du das wissen?"
„Dann kann ich doch Vater Teddy eins von den Mäusekindern schenken! Oder auch zwei! Und wenn sie dann noch nicht geboren sind, male ich ihm einen Gutschein. Dann muß er eben noch auf sein Geschenk warten."
„Meinst du, er mag Mäuse?" fragt Polli.
„Natürlich! Jeder mag doch Mäuse!"
Inzwischen hat Mutter Teddy ein Buch ausgesucht. Der Verkäufer packt es noch hübsch in buntes Papier ein.
„Das stecke ich in meine Tasche, dann sieht Vater Teddy es nicht. Wo ist denn nur meine Tasche?" fragt sie.
„Bezahlen müssen Sie auch noch!" mahnt der Verkäufer.
„Kinder, sucht mal meine Tasche! Eben habe ich sie doch noch gehabt. Vielleicht habe ich sie in der Zooabteilung liegenlassen!"
Aber dort ist die Tasche nicht. Und am Buggy hängt sie auch nicht. Im Einkaufsnetz ist sie nicht. Polli hat sie nicht gesehen, und Tobias hat sie nicht gefunden!
„Tasse! Tasse!" brabbelt Purzel.
„Sie ist weg!" jammert Mutter Teddy und nimmt Purzel auf den Arm.

„Da ist sie! Purzel hat darauf gesessen!" rufen Polli und Tobias gleichzeitig.

„Du bist ein Schatz!" freut sich Mutter und gibt Purzel einen dicken Kuß auf die Backe.

Dann bezahlt sie endlich das Buch.

„Jetzt gehen wir ins Café Schlecker. Ich brauche dringend eine Tasse Kaffee. In einer halben Stunde holt Vater Teddy uns ab!"

„Kriegen wir eine Portion Eis? Bitte, bitte!" bettelt Polli.

„Eis, Eis!" kräht Purzel und klatscht vor Freude in die Hände.

„Ja, Purzel hat sich auch ein Eis verdient! Aber bleibt bitte brav sitzen und geht nicht wieder verloren", ermahnt Mutter Teddy ihre Kinder.

„Das versprechen wir!"

Polli schnallt Purzel im Buggy fest. Das gefällt ihm gar nicht.

„Dein Eis kommt gleich!" tröstet sie ihn.

Bald darauf hält ein Auto vor dem Café.

„Papi, schau, ich habe Mäuse!" ruft Tobias.

„Rate mal, was in meinem Paket ist!" sagt Polli.

„Papi, Papi!" schreit Purzel und streckt die Arme nach ihm aus. Vater Teddy hebt ihn aus dem Buggy. Purzel darf auf seinem Schoß sitzen.

„Nun erzählt mal der Reihe nach!" fordert er seine Kinder auf.

„Zuerst waren wir auf dem Markt."

„Und Purzel ist über ein Bild gekrabbelt." — „Und im Kaufhaus bin ich Rolltreppe gefahren, ganz allein!" — „Und Mutters Tasche war weg!" — „Da habt ihr ja einen aufregenden Einkaufsbummel gehabt. Nächstes Mal gehe ich auch mit!" verspricht Vater Teddy.

„Das wäre schön!" seufzt Mutter Teddy. „Es war nämlich sehr anstrengend!"

Vater bezahlt den Kaffee und das Eis. Danach trägt er die Schachteln ins Auto.

„Jetzt seid ihr an der Reihe! Und schnallt euch bitte an!" Wie der Blitz verschwinden Polli und Tobias im Auto. Mutter Teddy setzt sich nach vorne und nimmt Purzel auf den Schoß. Vater klappt den Buggy zusammen und verstaut ihn im Kofferraum.

„Wir müssen noch tanken, sonst geht uns unterwegs das Benzin aus!" meint Vater Teddy und hält an der nächsten Tankstelle an.

„Das muß ich sehen!" schreit Tobias und lehnt sich weit durch das geöffnete Schiebedach. „Puh, das riecht aber komisch!"

„Deshalb sollst du ja auch im Auto bleiben: Die Benzindämpfe sind ungesund!" erklärt Vater Teddy.

Purzel versucht aus dem Fenster zu klettern, aber Mutter Teddy hält ihn an der Hose fest.

„Puh, hier stinkt nicht nur das Benzin! Ich glaube, auch Purzel duftet!" Sie rümpft die Nase. „Es wird nun wirklich Zeit, daß wir nach Hause kommen!"

„Ich bin gleich soweit!" ruft Vater Teddy. Er schraubt den Tankdeckel zu und geht zum Kassenhäuschen. Auf dem Rückweg hat er drei Lutscher in der Hand.

„Toll! Danke!" Die Zwillinge stecken den Lutscher in den Mund. Auch Purzel knabbert an seinem. Sofort ist es im Auto viel ruhiger.
„Das war eine gute Idee!" lobt Mutter Teddy den Vater.
„Ich habe noch eine!" erwidert er lachend. „Ich werde

gleich Purzel ins Haus tragen, ihm eine frische Windel anziehen und ihn ins Bett bringen!"
„Wunderbar! Wer hat Hunger?" fragt Mutter Teddy.
„Ich! Ich!" rufen die Zwillinge. „Das war anstrengend in der Stadt! Aber auch sehr schön!"

Teddys Geburtstag

Der kleine Teddybär saß traurig auf seinem Bett. Keiner spielte mit ihm. Dabei hatte er heute Geburtstag. Vier Jahre war er nun alt. Dem kleinen Teddybären kullerten die Tränen die Backen hinunter. Mit dem Handrücken versuchte er, sie wegzuwischen.

Niemand war da, der dies für ihn getan hätte. Niemand, der ihn tröstend in die Arme genommen hätte. Und Teddy hatte doch einen so wunderbaren Freund. Der kleine Michael war das, dem gehörte Teddy nämlich. Die beiden waren unzertrennlich. Überall, wo Michael hinging, nahm er seinen Teddy mit. Verließ Michael das Haus — Teddy war dabei; duschte Michael — Teddy saß in der Ecke und schaute zu; malte Michael mit Buntstiften — Teddy wurde auch bemalt.

Und dann, heute morgen, war Michael mit seinen Eltern im Auto davongefahren, ohne Teddy mitzunehmen. Einfach sitzengelassen hatte er ihn. Teddy war so furchtbar traurig, daß er gar nicht mehr aufhören konnte zu weinen. Doch was war das?

Die Tür wurde aufgerissen, Michael kam hereingestürmt. Er stürzte sofort auf seinen kleinen Teddybären, nahm ihn liebevoll in die Arme, streichelte ihn und wischte ihm die Tränen ab.

Da jubelte Teddy.

„Mein Freund ist wieder da! Endlich. Er hat mich doch nicht vergessen, wie ich schon dachte."

Michael packte aus einem kleinen Karton ein wunderschönes blaues Halstuch aus, das er Teddy sofort umband. Ein schöneres Geburtstagsgeschenk hat wohl noch nie ein Teddybär bekommen!

Versteckspiel

„Hallo, Bruno, wir wollen dich besuchen!" rufen Brunos Freunde — die Katze Corinna, der Hund Nicky, Heiner, der Hase, und Maxi, die Maus.
„Besuchen?" denkt sich der dicke Bär. „Na wartet! Erst mal müßt ihr mich finden!" Und schwupp — schon ist er verschwunden! „He, Bruno, wo bist du?" piepst Maxi, und alle fangen an, nach ihm zu suchen.

„Bestimmt ist er draußen in seinem Gewächshaus und pflückt Tomaten!" bellt Nicky.
„Oder er holt etwas aus dem Geräteschuppen", vermutet Heiner. Corinna aber maunzt: „Ich wette, er will uns ärgern und versteckt sich irgendwo."
Nur Maxi sagt nichts. Hat sie Bruno vielleicht im Mauseloch gesucht?

Die vier Freunde können den Bären im Garten nicht finden. Langsam machen sie sich Sorgen.
„Er wird doch nicht in den Weiher gefallen sein?" Nicky und Heiner springen gleich ins Wasser. Sogar Corinna trippelt hinein!
„Dieser Bruno!" faucht sie dabei. „Jetzt mach ich mir seinetwegen auch noch den Pelz naß!"

Schließlich findet Nicky eine Spur, die in den Wald führt. „Also, wenn ich Bruno wäre, dann würde ich mich auf einem Baum verstecken", meint Corinna.
„Gute Idee!" stimmt Nicky zu. „Du suchst oben — wir unten! Warte nur, Bruno, wir kriegen dich!"
Das Eichhörnchen wundert sich — wo kommt denn bloß der dicke Bär her? „Pst! Nichts verraten!"

Inzwischen hat Maxi Hunger bekommen. Ein Stück Käse vom Kaufmann würde ihr jetzt schmecken! „Vielleicht ist Bruno beim Einkaufen!" schlägt sie deshalb vor. Heiner nickt, daß seine langen Ohren fliegen. „Wir wollen gleich den Laden durchsuchen! Aber daß ihr ja nichts stibitzt! Sonst bekommen wir Ärger!"
Maxi seufzt. Kein Käse, kein Bär. Wo steckt er nur?

Als sie aus dem Laden kommen, bellt Nicky plötzlich ganz laut und aufgeregt. „Dort ist er! Auf dem Lastwagen! Kommt schnell, bevor das Auto wegfährt!" Alle sausen los. Rumms! — Corinna reißt einen Stapel mit leeren Kisten um. „Autsch!" faucht sie. „Diesen Bruno, wenn ich den erwische, kratze ich ihm die Augen aus!" Der Bär aber fährt davon und lacht.

Ist das eine wilde Jagd — bis hinaus auf die Wiesen! Und fast hätten sie Bruno auch dort nicht gefunden, denn er hat sich hinter einem Busch versteckt. Aber — was ist das? Warum schreit er so?

„Er hat sich auf einen Igel gesetzt!" quietscht Maxi.
„Geschieht ihm recht! Uns so zu ärgern!"
Nicky und Corinna halten sich den Bauch vor Lachen.

Des Bürgermeisters Reise.
Ein Würfelspiel
Die Spielregeln:

Start: Du kannst sofort abfahren.

2 Speisewagen, du bekommst ein Stück Schokolade.

3 Stelle die Weiche, setze einmal aus.

7 Gib Dampf, fahre auf Punkt **10**.

8 Hast du eine ungerade Zahl gewürfelt, fahre die längere Strecke.

11 Keine Einfahrt! Warte auf den nächsten Spieler.

12 Wie spät ist es? Wenn du die Uhr richtig lesen kannst, springe auf Punkt **14**. Kannst du das noch nicht, wirst du es noch lernen. Geh weiter.

15 Im Boot ist es so angenehm. Bleib' sitzen, bis du 6 Punkte gewürfelt hast.

Nach einer langen Reise zu Land

und zu Wasser

kommt der Bürgermeister von Bärendorf im Bärenland an. Die Zollwache kontrolliert den Reisepaß und das Gepäck.

Es ist alles in Ordnung. Der Bürgermeister darf nach Bärenland einreisen.

Zu Ehren des Bürgermeisters wird in Bärendorf ein großes Fest gefeiert.

In ihrem gemütlichen Haus sitzen der Bürgermeister und sein allerbester Freund Petz. Sie planen den Bau einer Schmalspurbahn durch das ganze Bärenland. Auf den Berg namens Schönohr wollen sie eine Zahnradbahn bauen. Der Bürgermeister zeichnet eine genaue Karte vom ganzen Bärenland. Alle Berge, alle Flüsse und alle Orte sind darauf zu sehen. Dann wird mit Rotstift die geplante Schmalspurbahnlinie eingetragen. Für die Zahnradbahnlinie verwendet der Bürgermeister den Blaustift. Petz gibt gute Ratschläge.

Die Bärendorfer sind begeistert von der Idee ihres Bürgermeisters. Mit Bärenkräften gehen sie an die Arbeit. Die geschicktesten Bären bauen zwei Dampflokomotiven. Eine für die Schmalspurbahn und eine für die Zahnradbahn.

Einige Bären verlegen am Berge Schönohr die Geleise für die Zahnradbahn. Plötzlich erhebt sich ein fürchterlicher Schneesturm. Zottel, Taps und Dickfell, die am Gipfel arbeiten, finden im Schneetreiben den Weg ins Tal nicht mehr. Die armen Bären frieren und sind müde. Sie graben sich eine Höhle in den tiefen Schnee und haben es unter der Schneedecke nicht mehr so bitterkalt.

Drei Tage stürmt und schneit es draußen. Die Bären hocken dicht beisammen und erzählen sich Geschichten vom Honig, denn sie sind hungrig.

Der Bürgermeister und seine Freunde sind in großer Sorge um die eingeschneiten Bären. Nachdem sich der Schneesturm gelegt hat, stapfen alle Bärendorfer den Berg Schönohr ab. Sie suchen die eingeschneiten Bären überall. Sie schnuppern und lauschen. Sie kratzen tiefe Löcher in den Schnee und rufen hinein, aber sie bekommen keine Antwort. Ganz oben, knapp unter dem Gipfel, bricht der schwere Rettungsbär "Patsch" in den Schnee ein. Mit seinem Fuß steht er auf Zottels Kopf.

"Gefunden! Gefunden!"
schreit Patsch und hilft Zottel, Taps und Dickfell aus der Höhle.

Als nun die drei halb erfrorenen Bären die liebe Sonne wieder sehen, danken sie Gott für ihre Rettung. Sie danken auch der gesamten Rettungsmannschaft und dem schweren Patsch, der sie gefunden hat.

Die geretteten Bären sind so schwach, daß sie nicht zu Fuß gehen können. Auf Tragbahren trägt die starke Rettungsmannschaft die Erschöpften ins Tal.

Im Tal wartet schon das Rettungsauto. Während der Fahrt gibt Herr Doktor Freundlichbrumm den drei Erschöpften eine stärkende Spritze.

Im Krankenhaus Bärendorf

Schwester Seidenpfote bringt die Bären zu Bett. Dann schreibt sie auf, was sie am liebsten zu essen hätten, und bringt ihnen das Gewünschte.

Nachdem sich Zottel, Taps und Dickfell gestärkt haben, beginnen die Untersuchungen. Die Ärzte stellen fest, daß die Bären Husten und Schnupfen haben.

Der Schnee am Berge Schönohr ist wieder geschmolzen. Mit aller Kraft setzen die Bärendorfer ihre Arbeit fort.

Endlich ist das gesamte Eisenbahnnetz von Bärenland fertig. Der Bürgermeister tauft die beiden Lokomotiven mit Honigwein.

Die Zahnradbahnlokomotive bekommt den Namen SCHNAUFI.

Die Schmalspurbahn-Lokomotive wird PFAUCHI getauft.

Probefahrten werden unternommen. Die Bärendorfer haben gut gearbeitet. Es ist ihnen kein Fehler unterlaufen.

Die Bewohner des
Bärenlandes sind traurig.

Sie sind traurig, weil der Herr Bürgermeister zu seinen Eltern fahren muß, um rechnen, lesen und schreiben zu lernen. Am traurigsten ist des Bürgermeisters allerbester Freund Petz. Er weint bitterlich. Er weint so lange, bis er eine Idee hat. Plötzlich springt er voll Freude auf und ruft: "Brumm! Ich fahre mit dir!" Der Bürgermeister schreit: "Ja!" und fliegt seinem Petz um den Hals. Vor Freude beginnen die beiden zu boxen und zu raufen. Sie tollen umher, bis sie nicht mehr können.

Zum Abschiedsschmaus sind alle Bärendorfer Kinder eingeladen. Es gibt Honigwasser und Rosinen- kuchen. Was vom Schmaus übrig bleibt, nehmen Petzi und der Bürgermeister auf ihre lange Reise mit.

Familie Teddybär

Das ist Familie Teddybär: Vater, Mutter und die Kinder Mutzli, Butzli, Reginli und Sabinli.

„Aufstehn, Kinder, es ist höchste Zeit!" ruft Mama Teddybär.

„Schon scheint die Sonne zum Fenster herein!"

„Ich bin schon auf!" schreit Mutzli. „Ich bin kein Faulpelz!"

„Und wir auch nicht!" rufen fröhlich die anderen und springen hurtig aus dem Bett.

Es schlägt sieben Uhr.

Die vier kleinen Bärlein schlüpfen schnell in ihre Kleider, dann setzen sie sich an den Frühstückstisch.

„Trinkt Milch, soviel ihr wollt", sagt Mama Teddybär. „Davon werdet ihr groß und stark. Und seid fleißig und brav in der Schule."

„Ich gehe zwar nicht in die Schule, aber laßt mir bitte auch einen Tropfen übrig", brummt Papa Teddybär. „Mir auch", schnurrt das Kätzchen Mietze, „ich habe den größten Durst." Alle trinken und schmatzen, bis kein Tropfen mehr da ist. — Jetzt aber fort zur Schule!

Es schlägt acht Uhr.

Mutzli springt voraus, Butzli läuft hinter Mutzli, Reginli hinter Butzli und Sabinli hinter Reginli her.

„Wartet auf mich!" ruft Sabinli. „Ich kann nicht schneller laufen!"

„Hört, schon bimmelt die Schulglocke, schnell, schnell!" schreit Mutzli. „Der Lehrer wird böse, wenn wir zu spät kommen!"

Es schlägt neun Uhr.

Die Schule fängt an. Der Lehrer setzt sich. Auf dem Tisch steht eine Kugel. „Das ist ein Globus", spricht der Lehrer, „darauf seht ihr alle Länder. Sabinli, zeig mir gleich, wo du wohnst!"
Sabinli antwortet: „Ich wohne zu Hause, aber unser Haus ist nicht auf dem Globus."
„Dummes Ding!" lacht der Lehrer, „setz dich in die hinterste Bank!"
Armes Sabinli!

Es schlägt zehn Uhr.

Die Schule ist aus. Die Schülerlein rennen nach Hause.
„Schnell den Tisch gedeckt, wir wollen essen! Zwei Omeletten für mich!" ruft Mutzli.
„Für mich drei!" ruft Butzli. „Und für mich fünf!" ruft Reginli.
„Nein, ich esse alle allein", ruft Sabinli, „ich habe den größten Hunger!"
„Jedes bekommt zwei", bestimmt die Bärenmama. Und alle sind glücklich und zufrieden.

Es schlägt ein Uhr.

In der Küche. Butzli, Sabinli und Reginli helfen fleißig. Sabinli trocknet die Teller ab. Paß auf, Sabinli, sonst gibt es Scherben! Butzli räumt die Messer und Gabeln weg. Und was tust du, Mutzli?

„Seid zufrieden, wenn ich euch nicht im Weg stehe!" lacht Mutzli zum Fenster herein.

Bald ist die Küche blitzblank.

„Und jetzt dürfen wir spielen gehen, gelt Mama?"
„Denkt erst an eure Tierlein", antwortet Mama, „auch sie wollen nun ihr Mittagessen haben. Nachher könnt ihr spielen gehen."
„Schnell, macht schnell!" kreischt Mutzli. „Dann können wir um so länger spielen!"

Es schlägt zwei Uhr.

Seht, nun füttern Reginli und Sabinli ihre herzigen kleinen Küken, die bunte Ente, die Schnattergans und den stolzen Hahn. Wie lustig, wie sie alle rennen und picken! Aber auch die Ziege und das Kaninchen freuen sich auf ihr Essen. Mutzli und Butzli pflücken für die beiden saftige Blätter vom Baum.
Und zuletzt haben alle genug gegessen, sind satt und zufrieden.
„Oh, und jetzt dürfen wir spielen!" jubelt Reginli. „Wir kochen uns einen feinen Tee!"
„Wir Buben aber wollen lieber schaukeln!" ruft Mutzli.
Es schlägt drei Uhr.

Da sitzen sie, die beiden Teddybären-Mädchen, an ihrem Teetischlein und lachen und plaudern. Über ihren Köpfen fliegen ihre beiden Brüderchen durch die Luft.

„Fallt bitte nicht in unsere schönen Teetäßchen!" ruft Sabinli. „Ihr wollt doch kein Bad nehmen?"

„Schenkt uns bitte auch ein Täßchen ein, ihr dürft inzwischen schaukeln!" ruft Mutzli. Hurtig werden die Plätze gewechselt.

Siehe, schon will es Abend werden. Schnell heim ins Haus, solange die Sonne noch scheint!

Es schlägt vier Uhr.

Papa Teddybär ist von der Arbeit nach Hause gekommen. Er hat Feierabend. Nach dem Abendessen holt er sein Akkordeon hervor. Schrumm-schrumm-schrumm! Wundervoll kann er spielen. Duli-duli-duli! tönt die Geige dazu und bumm-bumm-bumm! die Trommel. Oh, wie ist das fein! So ein schönes Konzert! Reginli und Sabinli schwingen das Tanzbein.
Wie schade, Mama ruft: „Schluß jetzt, Kinder! Ihr sollt ja noch baden!"

Es schlägt sechs Uhr.

Eines nach dem andern steigen sie fröhlich in die Badewanne. Die Mutter striegelt die braunen Pelzchen. Mietze, lauf schnell, sonst wirst du getauft! Mach keine Dummheiten, Mutzli! So, nun aber rasch ins Bett mit euch!
Es schlägt sieben Uhr.

Gute Nacht, Mutzli und Butzli, Reginli und Sabinli! Und still wird's im Haus. Selig und süß schlafen die vier lieben Braunpelzchen in ihren sauberen Bettchen. Der Mond wacht am Himmel. Tick, tack, tick, tack, tönt es von der Wand.
*Die Uhr schlägt acht,
der Tag ist zu Ende.*

Teddys neues Dreirad

„Alles Gute zum Geburtstag, lieber Teddy!" ruft Billy aus dem Vogelbauer. „Guck mal, da steht ein großes Paket von Opa. Pack es schnell aus! Ich bin neugierig, was drin ist!" Teddy ist auch neugierig. Ruck, zuck! zieht er die Schleife auf.

"Toll, ein Dreirad!" Teddy springt vor Freude in die Luft. Und dann fällt er Opa um den Hals. "Vielen, vielen Dank, lieber Opa!"

Teddy probiert das Dreirad sofort aus. Und Billy, sein kleiner Freund, darf ihn begleiten. Pfeilschnell fliegt er davon.

So schnell, daß Teddy ihn aus den Augen verliert. „Hast du Billy gesehn?" fragt er Tante Brummel. „Ja, er ist zu Hilde Has geflogen."

Das Hasenhaus liegt auf einem Hügel, und Teddy kommt ganz schön ins Schwitzen.

„Komm mit zu meiner Geburtstagsfeier", sagt er. Die drei Freunde machen sich auf den Weg.
Elli Eichhorn hat schon den Tisch gedeckt und bringt die Geburtstagstorte. Mmmh! Die wird bestimmt gut schmecken!

Der Teddy aus dem Kindergarten

Das Lachen und Schreien der Kinder aus dem Kindergarten ist schon lange verstummt. Kaum ist die Tür hinter der Erzieherin ins Schloß gefallen, ruft der Teddy mit den blauen Augen: „He, auf geht's!"

In der Spielzeugecke und auf den Regalen wird es lebendig. Mit zwei Sätzen ist die rosa Giraffe neben Teddy und fragt: „Was spielen wir heute?" — „Mal sehen, wohin uns der Zauberstab führt!"

antwortet er lachend. „Kommt in die alte Festung", ruft die Wache vom Festungstor und schwenkt die rote Fahne.

Das Hündchen springt dem Teddy um die Beine und kläfft froh. Die rosa Giraffe aber singt aus vollem Hals: „Ich gehe gerne in den Kindergarten..." Der Teddy guckt zuerst erstaunt, dann singt er mit. Das Lied kennt er auch auswendig, sooft haben die Kinder es schon gesungen. Die Wache und das Hündchen stimmen ebenfalls ein. Wer piepst denn da? Teddy bleibt stehen und lauscht. Ah, das Mäus-

chen, das heute den ersten Tag im Kindergarten ist. „Komm mit!" ruft er ihm zu. „Ich kann nicht, jemand muß mich aufziehen!" antwortet es. „Versuch mal, zwei Schritte zu machen!" schlägt die Giraffe vor. Eins, zwei! „Es geht!" quiekt das Mäuschen und huscht zwischen Teddys Beinen hindurch. „Wir zeigen dem Neuen, was wir können", flüstert Teddy und berührt die Wache ein-, zwei-, drei-, viermal mit dem Zauberstab.

Schon stehen vier weitere Wachposten da! Und Teddy hat auch so eine lustige Mütze auf. „Iiih!" staunt das Mäuschen. „Zauberst du noch einige Mäuschen her?" — „Ein andermal!" sagt Teddy und lacht.

„Hü, Pferdchen, hü! Jetzt laufen wir im Galopp durch den Kindergarten!" ruft Teddy.
„Ich laufe mit!" sagt die rosa Giraffe.
„Und ich zähle, wie oft ihr über eure eigenen Beine stolpert!" ruft

der Clown. „Hallo, Annabella, warum sitzt du so allein da herum?"
„Zwei Jungs haben meine Perlenkette auseinandergerissen. Die möchte ich wieder aufreihen", antwortet sie.
„Laß nur", sagt die Giraffe, „die Kinder machen das morgen schon."
„Meinst du?" fragt Annabella und steht auf.

„Ja, sie hat recht", sagt Teddy. „Gefällt dir der neue Wagen? Steig ein, wir drehen eine Runde, bevor die Kinder wieder da sind." — „Ich laufe mit euch um die Wette!" ruft die Schnecke. „Vielleicht gewinnst du mit deinen sechs Rädern. Das Auto hat nur vier!" ruft die Giraffe und lacht verschmitzt.

Am nächsten Morgen wundert sich die kleine Inge, als sie mit Annabella spielen will. „Ich habe dich gestern doch zu den Bauklötzen gesetzt. Wieso sitzt du jetzt neben dem Teddy?" Ja, wieso eigentlich?

Inhaltsverzeichnis

	Seite
In der Teddy-Schule	6
Das faule Bärchen	22
Familie Teddy kauft ein	25
Familie Teddy im Garten	37
Hurra, Ferien!	51
Gut gemacht, kleiner Bär!	71
Familie Teddy auf dem Bauernhof	89
Zwei Freunde	103
Tapp findet seinen Weg	110
Familie Teddy in der Stadt	116
Teddys Geburtstag	131
Versteckspiel	134
Reise ins Bärenland	141
Familie Teddybär	161
Teddys neues Dreirad	173
Der Teddy aus dem Kindergarten	180